Simplemente Ciencia

Transporte marítimo

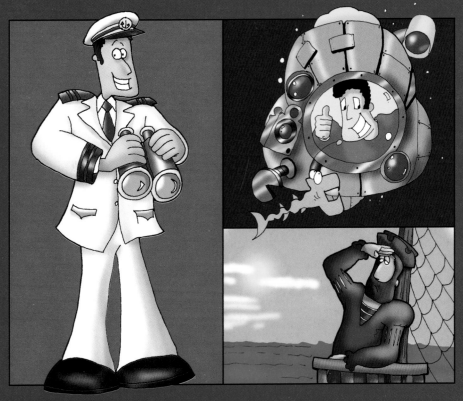

Gerry Bailey

Ilustraciones: Steve Boulter y Xact Studio

Gráficos: Karen Radford

everest

Simplemente Ciencia

Transporte marítimo

Contenidos

Viajar por el agua

Hay muchos tipos de vías navegables. Hay mares, por supuesto, y grandes océanos. Hay ríos, canales y lagos. De hecho, en nuestro planeta existe mucha agua por la que viajar…

…PERO ¡HACE FALTA UN BARCO!

Tu embarcación puede ser una simple balsa

…o una canoa

…o un barco con grandes velas

…o un enorme **trasbordador**

…o un aún mayor **trasatlántico**

4

La gente navega hace miles de años para explorar, comerciar, pescar, ir a la guerra o en misión de paz.

Pero, con los modernos medios de transporte, ahora se navega más que nunca; por ejemplo, los trasbordadores como este te llevan al trabajo o de vacaciones.

Lo fundamental para tu barco es que no se hunda. O sea, que flote. Los primeros barcos fueron balsas y canoas de madera, un material que flota bien.

Cuando los constructores de barcos investigaron más sobre la flotación y el hundimiento, hicieron navíos con planchas de madera selladas con brea. Las velas se hacían con pieles, telas o lonas.

Algunos barcos modernos se fabrican con un material similar al plástico llamado fibra de vidrio. La fibra de vidrio es muy ligera y muy fuerte.

En el siglo XIX los ingenieros construyeron barcos de hierro. Pensarás que el hierro no flota bien porque pesa mucho, pero la forma y el diseño del barco hacían posible su navegación.

Casi todos los barcos modernos se hacen con enormes láminas de acero sujetas a un armazón también de acero. Esto constituye el casco, las cubiertas y el cuerpo principal del navío.

Los veleros para regatas se construyen con un material llamado fibra de carbono. Este material pesa menos que el acero y es más fuerte que él.

7

La balsa

¿Cómo podría yo cruzar el río?

Si un río era muy ancho, la gente primitiva no podía cruzarlo a menos que tuviera una barca.

Al principio quizás usaran troncos sueltos. Después se les ocurrió la idea de atarlos para hacer una balsa.

Una balsa para cruzar el río

2. Los cazadores deben idear un modo de llegar a la otra orilla. Quizás en troncos.

1. Estos cazadores prehistóricos han encontrado una manada estupenda de ciervos, pero está en la orilla opuesta de un río demasiado ancho para cruzarlo a nado.

Más fuerte y más seguro

Probablemente, las primeras balsas fueron simples troncos atados con tiras de piel de animal, pero después se les añadieron dos troncos transversales para aumentar la estabilidad.

Barcas de juncos

En Egipto, las balsas se hacían amarrando manojos de juncos. Después se curvó la parte delantera y la trasera para hacer barcas.

3. Pero, ¿cómo iban a cruzar después el ciervo que cazaran? Si el animal se mojaba demasiado, pesaría más y se hundiría. Necesitaban transportarlo sobre el agua.

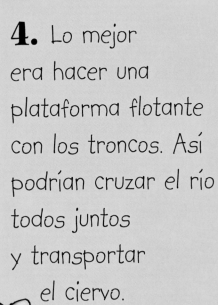

4. Lo mejor era hacer una plataforma flotante con los troncos. Así podrían cruzar el río todos juntos y transportar el ciervo.

Flotar o hundirse

Si pones un objeto en el agua, el objeto flota o se hunde. Prueba con algunos objetos de tu casa que puedan mojarse.

Llena un cuenco de agua y mira qué pasa con:

UNA CUCHARILLA

UN CORCHO DE BOTELLA

UN LÁPIZ

UN HUEVO

¿Flotan o se hunden?

Lo que ocurra estará en función de la masa y el volumen del objeto. De estas dos magnitudes depende el espacio que ocupe, o su densidad.
El objeto flotará o se hundirá en función de su densidad.

Densidad

El acero contenido en un barco grande tiene una densidad muy alta, entonces, ¿por qué flota el barco?

Las planchas de acero del barco son mucho más densas que el agua sobre la que flotan. De hecho, si se colocaran sobre el mar antes de hacer el barco, se hundirían hasta el fondo.

Pero el barco no solo se compone de acero. Contiene además muchas cámaras de aire, y el aire es mucho menos denso que el agua; por eso también lo es la combinación de aire y acero, ¡y el barco flota!

Un barco cargado se hunde un poco más en el agua que sin carga, porque sus cámaras de aire se reducen.

Desplazamiento en el baño

Un navío pesado flotará en el agua, no sobre ella. Decimos que desplaza agua hasta que su densidad y la del agua se equilibran.

Supongamos que llenaras la bañera, que en Hispanoamérica se llama tina, hasta el borde y te sumergieras por completo unos segundos. La cantidad de agua que cayera al suelo sería igual al volumen que tú ocupas, o que tú desplazas.

En la antigua Grecia, el científico Arquímedes descubrió la teoría de la densidad cuando se metió en la bañera.

El timón

Los primeros barcos de vela se movían gracias al viento. Podías ir adonde quisieras, ¡siempre que el viento soplara en esa dirección!

Si no, era preferible llevar remos además de velas. Los remeros podían virar el barco, pero aún era mejor llevar timón.

El timón es una pieza plana de madera o metal que sobresale por la popa (parte trasera del barco), y que puede moverse hacia los lados contra la corriente del agua; sirve para gobernar el barco.

timón

1. Los buques de vela transportaban valiosos cargamentos de comida y especias, pero a veces las tempestades los hacían naufragar y la carga se perdía.

2. Los remeros podían mantener el rumbo, pero los barcos eran enormes y los remos, reforzados con palas de hierro, pesaban mucho.

Gobernar con timón

5. Empujando el timón a izquierda o derecha, el barco viraría. Y añadiendo al timón una manivela larga, el barco se gobernaría desde la cubierta. Funcionó. Ya se podía guiar el barco fuera cual fuese el tiempo.

3. Además, los remos servían para guiar el barco solo cuando el mar estaba en calma: las olas de las tempestades solían partirlos.

4. Pero fijando una especie de remo, o timón, a la popa, se usaría la corriente de agua que rodeaba el barco para gobernarlo o, al menos, para mantenerlo en línea recta.

A lo largo del canal

En el Reino Unido del siglo xix había muchas fábricas nuevas que necesitaban transportar sus productos a las ciudades y los puertos. Había tantas mercancías que las carreteras no daban abasto, y los ingenieros tuvieron que construir canales. Estos ríos artificiales resultaron muy útiles.

A veces, para proporcionar a los barcos un atajo hacia el mar, el canal se construye cortando grandes rocas.

Poco después muchos países dispusieron de sus propias redes de canales para transportar productos como carbón o tejidos. Los barcos de fondo plano, llamados gabarras o barcazas, se movían con vapor o tirados por caballos.

1. Hace cientos de años los buques de vela eran pequeños, así que solo podían llevar cierta cantidad de comida para la tripulación. Si el viento los desviaba de su rumbo, la comida podía acabarse antes de que los hambrientos marineros llegaran a tierra.

2. Sin una costa para orientarse, los marineros temían que el viento los arrastrara muy lejos, a tierras extrañas, o que los hiciera navegar en círculos.

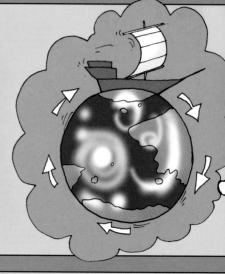

3. Las leyendas decían que un banco de delfines podía llevarte a casa, pero era preferible observar el cielo nocturno.

4. Los navegantes aprendieron que comparando la posición de una estrella en relación al horizonte con la que ocupaba cuando estaban en tierra podían calcular la situación del barco.

5. Este cálculo se hacía mediante un instrumento llamado astrolabio, que consistía en un disco dividido en 360 grados y una aguja móvil. Mirando los astros, los navegantes medían en grados la altitud de las estrellas sobre el horizonte. Después, comparando esas medidas con un mapa estelar, averiguaban la posición del barco.

El astrolabio

Los primeros marinos sabían dónde estaban mientras vieran la costa, pero en alta mar pasaron apuros… hasta que se inventó el astrolabio. Con él, pudieron calcular su posición basándose en puntos del cielo nocturno.

Con el astrolabio, los navegantes medían la altitud del sol, de un planeta o de una estrella respecto al horizonte.

ángulo   horizonte

Mares y océanos

Cuando los primeros navegantes divisaron el océano, vieron que el horizonte tenía forma curvada ¡y que las aguas parecían llegar hasta el fin del mundo!

No conocían la dimensión real de los océanos, pero eso no impidió que los usaran para el comercio y el transporte.

Mientras veamos la costa, vamos bien.

El ancho mar

Los océanos cubren el 71% de la superficie de nuestro planeta cerca de tres cuartas partes. Hay cinco grandes océanos.

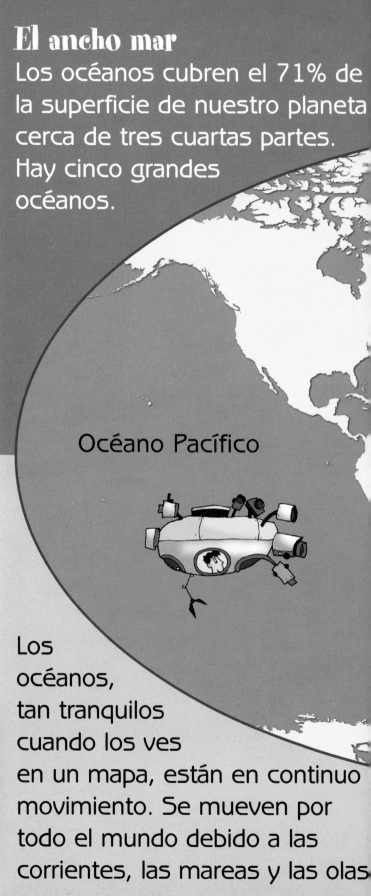

Océano Pacífico

Los océanos, tan tranquilos cuando los ves en un mapa, están en continuo movimiento. Se mueven por todo el mundo debido a las corrientes, las mareas y las olas

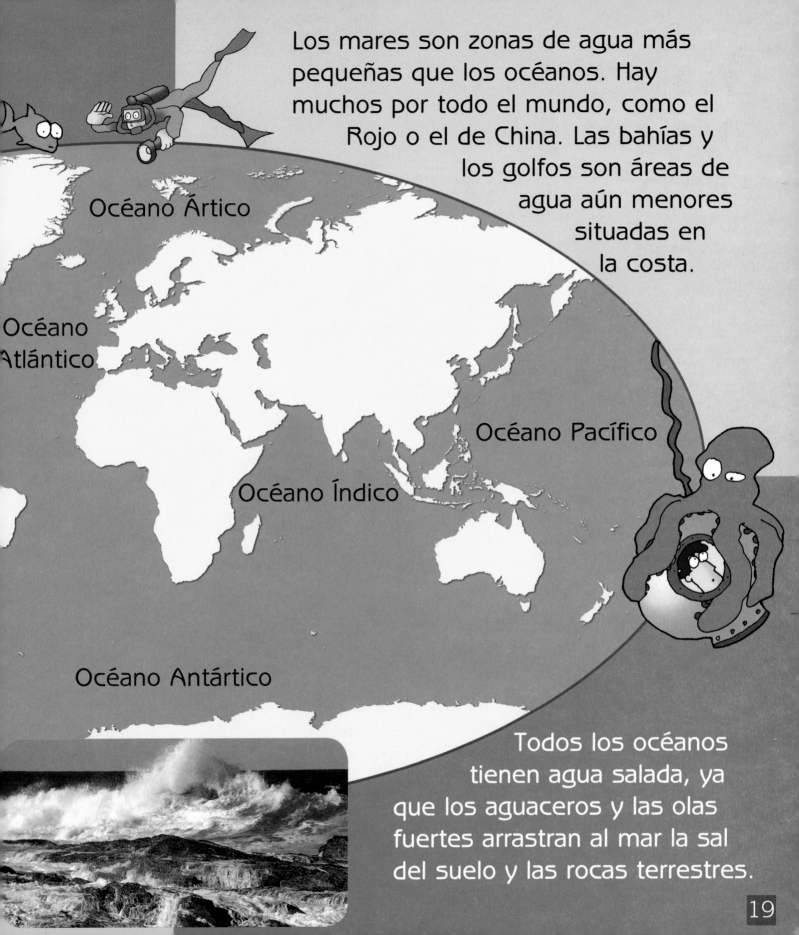

Los mares son zonas de agua más pequeñas que los océanos. Hay muchos por todo el mundo, como el Rojo o el de China. Las bahías y los golfos son áreas de agua aún menores situadas en la costa.

Océano Ártico

Océano Atlántico

Océano Pacífico

Océano Índico

Océano Antártico

Todos los océanos tienen agua salada, ya que los aguaceros y las olas fuertes arrastran al mar la sal del suelo y las rocas terrestres.

19

Viajar bajo el mar

Las profundidades marinas siempre han fascinado a científicos y a exploradores pero, hasta que no se inventaron los primeros vehículos submarinos, la gente solo pudo suponer las maravillas que escondían.

La escafandra

Con mi escafandra, soy casi como un pez.

Algunos buceadores con mucha práctica podían contener el aliento varios minutos mientras exploraban el fondo del mar cercano a la costa, pero tenían que salir a respirar. Por eso se buscó la forma de llevar aire incorporado y se inventó el primer traje de buzo, o escafandra.

La escafandra era pesada y dificultaba los movimientos, debido a los largos tubos por los que se renovaba el aire desde el barco. Los buzos querían algo más ligero y más autónomo. La respuesta fue el EQUIPO DE BUCEO; ya podías llevar tu propia reserva de aire en una botella sujeta a la espalda.

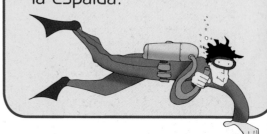

Sumergible

Los pequeños submarinos conocidos como sumergibles se desarrollaron para la exploración. Su casco es más fuerte que el de los submarinos, ya que bajan a mayor profundidad que ellos.

Submarino

Este fue el primer vehículo diseñado para moverse bajo el agua. Se trataba en realidad de un mini buque de guerra que lanzaba torpedos a los barcos enemigos. Los modernos submarinos nucleares pueden pasar meses sumergidos.

Este moderno submarino ruso, alimentado con diésel y electricidad, puede moverse silenciosamente en aguas poco profundas.

El submarino

El submarino es un navío que navega tanto bajo el agua como sobre ella. Para que se hunda, sus tanques internos se llenan con agua, y para subir de nuevo, se vacían.

Esconderse bajo el agua

1. En 1602 un científico holandés llamado Cornelius van Drebbel ideó un vehículo sumergible, pero solo era una barca de remos cubierta con pieles impermeables.

2. Durante la Guerra de la Independencia de Estados Unidos, David Bushnell, estudiante, diseñó un submarino de combate de una sola plaza llamado Tortuga, que colgaba del fondo del barco

¿Cómo funciona un submarino?

Para la inmersión:

1. Se abren las válvulas de venteo y las espitas de inmersión.
2. El submarino se hunde cuando los tanques de lastre se llenan de agua.

válvulas de venteo

tanques de lastre

espitas de inmersión

Para la emersión:

1. Se cierran las válvulas de venteo.
2. Los tanques de lastre se llenan con aire (proveniente de tanques) que los vacía de agua.

tanques de aire

---

3. Entonces otro estadounidense, Robert Fulton, construyó un submarino cubierto de cobre y capaz de hundir barcos. Pero medía más de seis metros de largo y no interesó demasiado.

4. En 1889 John Holland botó un submarino de 16 metros alimentado por gasolina y electricidad. Debido a su forma aerodinámica, era veloz y silencioso.

5. El periscopio usa espejos. Puede subirse a la superficie para espiar a los barcos cercanos.

El batiscafo

El batiscafo es un vehículo que se sumerge a mucha profundidad. Se utiliza sobre todo para explorar las cavernas más hondas del fondo marino.

Hay tanto que explorar aquí abajo...

Bajando y volviendo a subir

1. La batisfera se inventó para proteger a los buzos de la gran presión del agua del fondo marino. ¡Esa presión te puede matar!

2. La primitiva batisfera debía ir sujeta al barco, por lo que se podía explorar poco, solo lo que había justo debajo. Si se quería descender más hacía falta una cadena muy larga, que bajara la batisfera y la subiera de nuevo.

Una solución en dos partes

El batiscafo moderno es una esfera de acero muy grueso, conectada a un largo casco lleno de gasolina.

casco lleno de gasolina

esfera

3. Auguste Piccard diseñó una esfera hermética fijada a un casco con forma de submarino. No hacía falta cadena alguna.

4. Para los tanques de lastre del casco, Piccard usó petróleo en lugar de agua; así lograba que el batiscafo flotara. Este artefacto puede descender más de 10 kilómetros.

Recorrer el fondo

1. Los científicos necesitaban un submarino pequeño para explorar el fondo del mar. Debía tener tres o cuatro plazas y ser capaz de permanecer sumergido durante días.

2. Para ello se construyó el sumergible, con un casco fuerte para proteger a los pasajeros y transportar sus herramientas de trabajo.

3. Los pequeños vehículos que se sujetaban a un barco podían bajar unos 300 metros, pero en el fondo marino hay sitios mucho más profundos y los científicos querían explorarlos.

4. En 1977 el oceanógrafo Robert Ballard y su equipo usaron un sumergible con el que descubrieron fuentes termales submarinas y toda una serie de seres vivos, como extraños gusanos, que vivían alrededor.

El sumergible

El sumergible es un vehículo que se mueve en paralelo al fondo. Es muy útil para explorar y tomar fotos.

El sumergible se alimenta con sus propios motores, por lo que se mueve fácilmente. Suele tener focos para iluminar las zonas por donde pasa y cámaras fotográficas. Algunos disponen también de brazos mecánicos para tomar muestras del fondo.

5. Con luces, cámaras y mucha acción, el sumergible sigue ayudando a los oceanógrafos a investigar la flora, la fauna y la geografía marina.

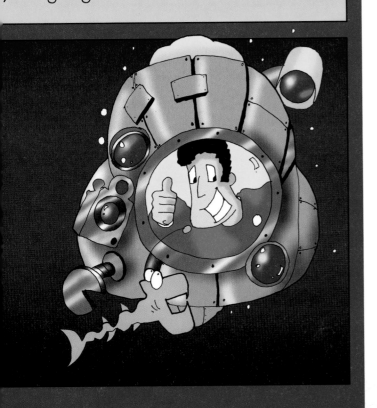

Buques de guerra

Los ejércitos se dieron cuenta enseguida de las ventajas que ofrecían los barcos para ganar las guerras. Servían para transportar soldados pero, además, con cañones a bordo, eran capaces de hundir embarcaciones enemigas.

Galeón

En el siglo XVI los españoles transportaban oro desde Sudamérica en los galeones, grandes barcos de vela no demasiado fáciles de gobernar, equipados con cañones en la cubierta y debajo de ella.

Trirreme

En la armada de la Grecia clásica había barcos de un mástil y varias filas de remos manejados por esclavos. El barco con tres bancadas de remeros se llamó trirreme. Solía tener un espolón en la proa.

Portaaviones

El portaaviones es uno de los mayores buques de guerra. Transporta cazabombarderos y contiene una pista en la cubierta para el despegue y aterrizaje de los aviones.

Submarino *hunter-killer*

Estos submarinos nucleares están diseñados para perseguir y destruir embarcaciones enemigas. Algunos llevan cabezas nucleares.

Acorazado

El acorazado es un gran buque de guerra equipado con pesados cañones que pueden disparar a otros barcos o a objetivos terrestres.

Prueba de transporte marítimo

1. ¿Quiénes hacían barcas atando manojos de juncos?

2. ¿Cómo se llama la plancha que se sujeta a la popa del barco y sirve para dirigirlo?

3. ¿Qué animal puede tirar de una barcaza?

4. ¿Con qué instrumento se gobernaba el barco basándose en los astros?

5. Di un océano que empiece por P.

6. ¿Cómo se llama el equipo que sirve para respirar bajo el agua?

7. ¿Qué clase de vehículo submarino inventó Auguste Piccard?

8. ¿Quiénes remaban en los trirremes?

9. ¿Quiénes transportaban oro en los galeones?

10. ¿Qué barcos tienen pista de aterrizaje?

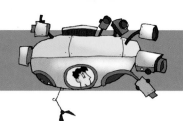

Índice